AF283156

VV.AA. de Monzón

Poetas bajo las estrellas

PAPELES DE TRASMOZ

La Casa del Poeta

Olifante. Ediciones de Poesía

Colección PAPELES DE TRASMOZ
Fundada en 2007 por Marcelo Reyes y Trinidad Ruiz Marcellán

Edición conmemorativa del XLV Aniversario
de la creación de OLIFANTE. Ediciones de Poesía

Poetas bajo las estrellas
VV.AA. DE MONZÓN

Editado por OLIFANTE. EDICIONES DE POESÍA
Diseño de la colección: Vicente Pascual
© De la presente edición: Olifante. Ediciones de Poesía
© Los autores
© Fotografía: Antonio Raya
© Prólogo: Olga Asensio
Reservados todos los derechos

I.S.B.N.: 978-84-128991-4-6
Depósito Legal: Z 1896-2024

Impreso en España por COMETA, S.A.
Printed in Spain

Poetas bajo las estrellas

VV.AA. de Monzón

Fotografía: Antonio Raya.

Prólogo

La historia de cada libro es única.

La historia de un poemario colectivo es múltiple.

Poetas bajo las estrellas plasma el recorrido de este grupo de poetas con un componente muy especial: su nacimiento. Al abrigo de un encuentro poético anual en Monzón decidieron, con gran acierto, difundir sus poesías durante todo el año. Convocados en diferentes sitios, sus poemas llenan las veladas de muchas localidades. Convierten las palabras en destellos poéticos, sus voces envuelven la oscuridad para soñar despiertos. Pero como las estrellas, vemos su luz en el momento en el que son visibles y después queda la noche.

Este libro convierte en imperecedero un pedacito de su poética: diversa, pero semejante en sentimientos; diferente, pero igualada en sensibilidad; alternativa, pero unida por la pasión. Cada poema es una píldora natural, que brota del corazón y es llevada con mimo por la mano primorosa del poeta al lecho del papel. Poetas valientes que hacen lo que otros callan: expresan, denuncian, reconfortan, alteran, provocan, calman y divierten a partes iguales.

Si tienes este libro en tus manos es porque te interesa lo importante: la palabra sentida. En un mundo en el que todo parece lo que puede ser o no ser –como ya se dijo– los libros de poesía son más necesarios que nunca. La palabra escrita, que surge, libre, de la emoción, del azar, de una vivencia o de un deseo, es convertida en breve pieza inmortal.

Este poemario estará completo cuando hayas escuchado sus voces. Por eso, no dejes de buscar a los poetas bajo las estrellas. Mientras callen, te invito a escucharte, leyéndolos. Después, la noche estrellada convertirá tu descanso en un sueño.

Olga Asensio
Monzón, 2024

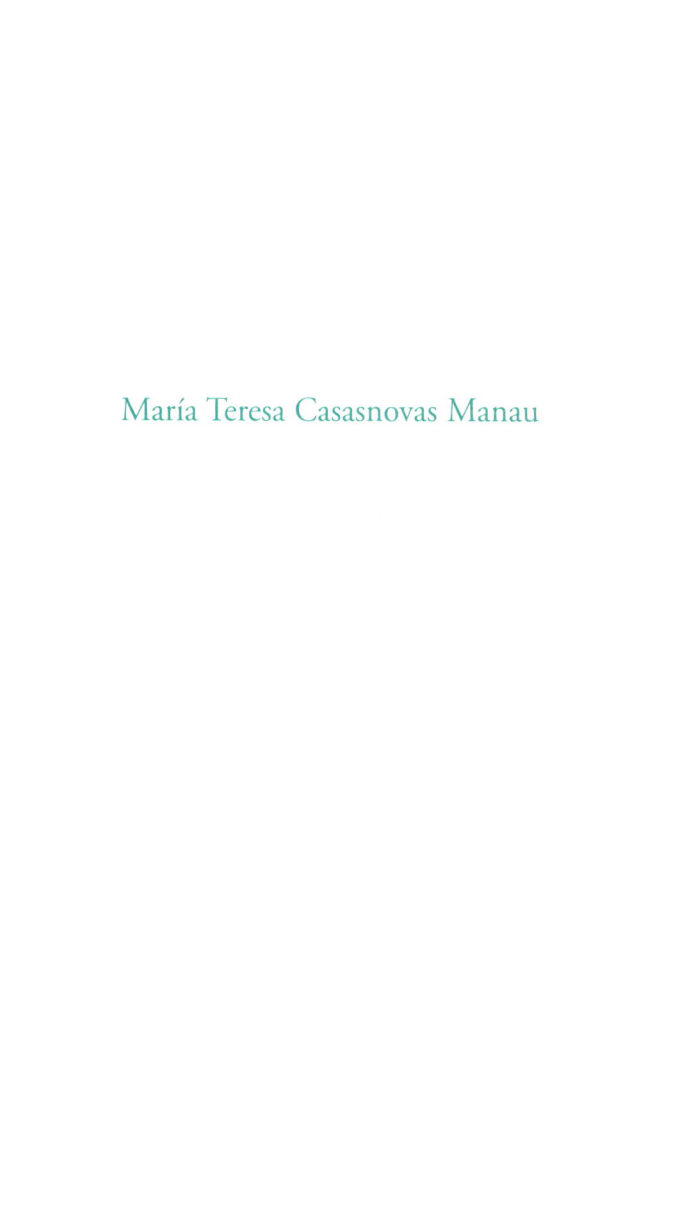

María Teresa Casasnovas Manau

MARÍA TERESA CASASNOVAS MANAU, entre sabor a imprenta y papelería, nació en Monzón (Huesca). Diplomada en Ciencias Humanas, Catalán, Trastornos de la Audición y Lenguaje, es licenciada en Historia y Pedagogía por la U.B., donde siguió los cursos de doctorado (bienio 1996-1998).

Ha publicado el cuento infantil *Lluvia de Caramelos* (Ed. Aragón Tiene Talento, 2016) y dos poemarios, uno individual: *Soplo poético* (Ed. Aragón Tiene Talento, 2021) y otro colectivo: *Geografías íntimas/Geografies íntimes* (Ed. Comte d'Aure – colección La Garonne, 2022).

En el 2021 obtuvo el Premio de poesía en Catalán en los «Josc Florals de la Xarxa dels Casals de Sant Martí» de Barcelona. En el 2022 fue seleccionada en el concurso «Poesía eres Tú» de Monzón. Tiene poemas en la revista *Imán* n.º 27 (2022) y en el semanario local *La Clamor*.

ETERNA JUVENTUD

Mientras…
mientras el paso del tiempo
esculpe mi cuerpo,
ara mi piel,
tiñe mi pelo,
enlentece mis actos,
en mí florecen nuevos
deseos e ilusiones.

Solo la diosa Idunn,
que aleja el espíritu
de la vejez,
conoce mis sueños.

EQUILIBRISTA

Sentada en un banco frente al mar
paso los días y las horas llevando mi vida
entre las olas, surcando la luz del cielo
oscuro, mirando la luna que se oculta.

Instalada en la marea que me envuelve,
espero al alba que la luz del sol anuncie
y a la luna que su reflejo de seda deje.

Cuando el oleaje calme su altivez
y el crepúsculo imante las estrellas,
cerraré los ojos para ser coral, alga,
madreperla, delfín, medusa, erizo
herido en la mar de la tierra.

En la arena más profunda del océano
el vaivén de mis huellas echa a andar
cruzando el edén del fondo oscuro,
dejando a Tritón entre las aguas
para ser espuma blanca con el alba.

Cuando la fuerza que me arrastra cese
y el sol y la luna se proyecten sobre el mar,
me estaré columpiando en la frágil línea
que mece el horizonte.
S   e   r   é
equilibrista de la tierra y de la mar.

ALEGRÍA

Pasen, pasen
cojan número,
vendemos a gramos
sentimientos gratos.

Pasen, pasen
cojan número,
los hay con sabores
más dulces y amargos.

Pasen, pasen
cojan número,
también hay bolsitas
de cinco sabores.

Pasen, pasen
cojan número,
vendemos montones
de inmensa alegría.

Pasen, pasen
cojan número,
las cajitas chicas
rebosan sonrisas.

Pasen, pasen
cojan número,
las cajas más grandes
guardan ilusiones.

Pasen, pasen
cojan número,
busquen la alegría
que brille en su cara
y limpie su alma.

Pasen, pasen
…
cojan número.

Lourdes Fajó Barrio

LOURDES FAJÓ BARRIO vino al mundo en 1960, en Robres (Huesca). Fue la pequeña de cinco hermanos. Un medianil separaba la herrería de su padre donde, según su madre, el yunque y el martillo él hacía cantar. A los ocho años leía «Las tres cautivas». Ese fue su primer contacto con la poesía.

Ha publicado tres poemarios: *Y no se rompió la luna* (Olifante, 2018), *Serás primavera* (Auto publicación, 2020) y *Pasitos* cortos (Olifante, 2022). Ha participado en varias antologías, entre ellas *YIN. Poetas Aragonesas 1960-2010* (Olifante) y *Trobada retorno* (Olifante, 2023).

AL MIEDO

Hoy me levanto con ganas de mirar de frente,

        al miedo.

Más valiente frente al miedo

            estoy.

De dónde vienes.

A dónde vas,

o, mejor dicho,

a dónde quieres llegar.

        Le pregunto o me pregunta.

Ya ni lo sé.

VENDO TODO

Hace unos años, al cerrar
la tapa de la compostadora,
miré hacia arriba,
hacia los nidos
de las golondrinas.

Después escribí:

Vuelven
las golondrinas.

Tengo insectos para ellas.

María

Este año
dos mil veinticuatro,
en estos días de primavera
he visto,
en el pico amarillo

de la mirla y del mirlo,
                    lombrices.

Y

me dan ganas de pregonar:

Tengo insectos y lombrices.
También tengo

algunas cicatrices.

Cicatrices bien curadas.
Vendo todo, todo vendo.

FOTOS

Acabo de hacer unas fotos.

He tenido que subir a una escalera.
Aun así, resultaba difícil
        hacerlas
entre esa maraña de ramas,
igual que garabatos
de la madreselva.
Casi siempre hago tres.
Tres fotografías.
Se las he enviado a Teresa, a Helena, a
    Guillermo,
esta mañana de cierzo
y frío en abril.

María, recuerdas que te hablé
del mirlo y la mirla,
        que los veía
con sus picos amarillos

cargados de ramas
y del cordel blanco…

Estos días
me han tenido muy entretenida.

Antonio Gistaín Salamero

ANTONIO GISTAÍN SALAMERO nació en Barbastro (Huesca). Su vocación poética surgió con la publicación de la revista *Bardos*, cuando cursaba tercero de Magisterio en Huesca, hace cuarenta años.

Actualmente es integrante del grupo «Poetas bajo las estrellas». En sus ratos libres se dedica también a la pintura.

LORCA

Lorca, siempre Lorca.
Verde y amarillo,
azul con blanco
y rojo en sangre derramada,
oscura tragedia tiñó de pena los corazones,
injusticia magna sin castigo,
reclaman las campanas lejanas,
no puede el destino
en su amargura cruel
quitarnos su memoria.
Vuelvan los versos delicados,
vuelvan los versos de oro y plata,
de colores se llenaría el cielo.
Lorca, siempre Lorca.
Los atardeceres han perdido su frescura,
tristes golondrinas
vuelan sin cesar
y los cantares de gesta
enmudecen su cortejo.

Buscan las gentes sin encontrar,
miran los centinelas
en su oscuro pesar.
¿Dónde está el alma dormida?
¿Dónde están aquellas flores de primavera?
Lágrimas sin cesar se derraman en la
	tragedia del olvido.
Lorca, siempre Lorca.
Se oye un lejano susurro,
vientos del sur
acarician nuestros rostros.
Y, mientras hombres de negro
secuestran nuestras ilusiones,
en el fondo de los tiempos
resplandecen sus poemas en nuestra memoria,
eternos, sublimes, bellos sin par,
Lorca, siempre Lorca.

FLAMENCO

Sentimiento en alma de plata,
vida sin fin,
espíritu saciado.
Las notas caen como perlas
en mar azul,
la voz suena a sentimiento,
inundando nuestros corazones.
Flamenco rojo,
cielo claro,
música sin igual,
resuena en atentos oídos,
retruena en las ventanas de primavera,
flamenco blanco,
cielo negro.
Las paredes hacen hueco,
los techos estremecidos,
la luna se llena en el cantar,
duerme la noche,
flamenco blanco,

cielo rojo,
en trance nuestras mentes,
concentra nuestro ser,
ilumina de alegría el mundo,
viva siempre erguido,
sin tiempo,
sin límites,
arte puro en la eternidad,
flamenco rojo,
cielo azul.

Y SI FUERA

Y si fuera paz,
luz en la eternidad,
sonrisa inmensa en la profundidad.
Escarnios negros en la memoria
hundieron sus garras ancestrales,
atormentando espíritus,
invadiendo pesares,
pero…
Y si fuera azul,
cielo amado,
amistad perpetua sin caducidad.
Y si fuera miel
que endulza tu conciencia.
Pasaron los calvarios,
acabó la maldad urdida,
desapareció la angustia
que apretaba el alma.
Suenan las trompetas de bronce,
brillan las estrellas blancas.

Y si fuera verde el destino,
rosas rojas del jardín,
olor a lluvia con inmensos arcoíris.
Paz en el olvido,
como un sueño,
como un paso rápido,
como un túnel hacia el bienestar.
Y si fuera el cielo
sin horrores,
sin hiel,
sin penas.
Destellos en el crepúsculo,
emoción al alba.
Y si fuera….

María Teresa Huguet Gómez

`

MARÍA TERESA HUGUET GÓMEZ (Mayte Huguet), natural de Barcelona Ciudad Condal; su familia paterna es oriunda de Pozán de Vero (Huesca). Empieza a publicar su primer poemario, *Poemas de Terry*, en 1978. Ha publicado varios poemarios y ha efectuado recitales poéticos musicales con su gran amiga, Carmen Gloria Benavides Fernández, en Cataluña, Aragón, León y Menorca.

AY, PERINES DE NAVAL

Dice la leyenda contada
por mi abuela Teresa Coscujuela,
de casa Jusepe, que
a Pozán de Vero
venía un hombre
pidiendo limosna, que decía:
«Una limosnita para
Perines de Naval,
que le salieron las cuentas mal».
Ay, Perines de Naval,
tú no has sido el único
a quien le salieron las cuentas mal,
tenemos a los que nos gobiernan
que no piensan como
madre de familia,
mirando por el bien general
en vez del particular.
Ay, Perines de Naval,
hoy no serías el único

que cantaría la romanza.
El dicho popular reza
«No hay pan para tanto chorizo».
Mi deseo es que escaseen
«los chorizos» y abunde el pan.

ODA A LAS VIVENCIAS

Del cantador de jotas
de Pozán de Vero
me hablaba mi abuela.
También lo nombró
en el edificio del Eixample
de Barcelona
el señor Felipe
de Ponzano,
en donde trabajé
de escribiente.
Con el tiempo conocí
a Joaquín Campodarve,
en la Semana Cultural
de Pozán de Vero.
Con la cantautora
Carmen Escudero,
de Pueyo de Santa Cruz,
hoy Mariel Escudero,
quien fue cantante
de Estrellas Negras.

A Pilar Campodarve,
hermana del cantador
de jotas de Pozán de Vero,
la visité en la Mare Rafols
de Vilafranca del Penedès
alguna tarde que otra.
Hasta aquí llega
esta historia,
llena de sentimiento
y recuerdo.
Para rematar diré
que la directora
de mi colegio,
María Dolores Lacasta Boya,
de Castejón del Puente,
compartió su saber estar.
Otro rato y con un vaso
del buen vino del Somontano,
echando un buen trago
contaremos otros hechos,
que son la esencia de mi vida.

RÍO VERO

Río Vero, del que bebo
y vivo. Tu caudal lleno
de vida va bajando
desde su nacimiento
a Barbastro.
Riega con su preciado
néctar la huerta
del Somontano,
para dar vida
a su joya preciada,
el rico tomate rosa,
y a las cepas de su amado
vino del Somontano.
En sus meandros
hay recuerdos
vividos de años
de infancia,
de juegos.
El ruido de las palas

golpeando la ropa
para lavarla.
Su transparente agua
dejaba entrever
sus peces y nutrias
correteando.

Ricardo Lacosta Agel

RICARDO LACOSTA AGEL nació en Santalecina (Huesca), donde trascurre su vida laboral y familiar. Estudió Bachiller Superior en el IES de Binéfar y en el colegio Salesiano de Huesca.

Ha publicado dos poemarios: *Acompañándome a solas* (2011) y *Silencios de una vida* (Ed. Aragón Tiene Talento, 2021). En 2022 fue seleccionado en reto de Monzón «Poesía eres tú». Participa en recitales y grupos de lectura, donde intenta despertar la pasión por la poesía. Ha llevado sus versos a los institutos de la comarca y coordinado el proyecto de «Poetas bajo las estrellas».

AQUÍ SE DESNUDA MI VOZ

Aquí se desnuda mi voz
como todo mortal
destapa su misterio
con palabras
de aguas profundas
y voces
que reflejan silencios.

Hoy tus ojos y los míos
advertirán tantas cosas
que en un mismo mirar
encontraremos la verdad,
el misterio de las fuentes
y, llenando nuestras copas,
brindaremos por el día
para dar vida a los sueños.

LA TARDE

La tarde
era de piedra y agua.

De piedra, como la fuente oscura.
De agua, como mi corazón aguarda.

Era la puerta
de la noche anunciada,
llena de sueños y voces
para llegar hasta el alba.

Y a morir conmigo vienen
los nombres en la mañana.

¡Quién te pudiera sentir
tan arropado en mi alma!

De mi corazón, como en la fuente,
mana, entre las piedras,
sangre y agua.

DESDE ESTA FUENTE MUDA

Desde esta fuente muda,
donde residen mis sueños,
mana la sombra del amor
que todo poeta llora y ama.

Allí, sobre los montes,
donde nace la vida
de los ríos caudalosos,
te he visto llorar con el aliento
que la tierra desprende.

Y aquí, en la orilla baja,
vive un corazón que espera.

Ya no importa
que la luna vierta
su clara luz sobre mi cuerpo
si tus lágrimas han llegado
a la raíz de mi alma.

Del monte alto a la orilla baja,
pondré en mis labios
el mundo que nos une,
nunca la distancia que nos separa.

María Jesús Lamora Lanau

MARÍA JESÚS LAMORA LANAU, de Binéfar (Huesca). Maestra. Especialista en Lengua Española, Francés, y Música; máster en Musicoterapia y en Educación Emocional. Con estudios de Psicología en la UOC. Fotógrafa aficionada. Articulista en prensa.

Ha ganado premios de poesía en Albelda y Canfranc (Huesca), y Murcia. Primer premio en lengua española en el XIV Concurso de Relato Luis del Val y 2.º en el VII Concurso de Relato Breve de Binéfar, así como el primer premio Nocte en Graus Primer Premio en Castillazuelo y 2.º Premio Concurso Cadis de Huesca, los tres de fotografía.

LO QUE EL CAMINO CUENTA

Cuántos caminos polvorientos, de piedras y
    raíces.
Veredas junto a riachuelos, sudor y viento,
la lluvia calando hondo, tejiendo recuerdos,
la soledad de uno mismo o la compañía de
    uno mismo.
Nada más.
Apenas amanece cuando inicio un paso
    incierto
ante lo desconocido.
La fragilidad de la vida y de las circunstancias,
el abismo, la esperanza.
Ultreia et Suseia, más adelante y más arriba,
    más allá.
Las iglesias se abren por la tarde, con misas
    de rigor
y sellos en credenciales guardadas como
    tesoros.
El silencio de la noche en un albergue de paso.

Días que se suceden, envueltos de mochilas,
  palabras y espíritu.
Belleza de los Pirineos, campos de lavanda
  riojanos,
meseta castellana, Galicia rural.
Todo es eterno.
Las conversaciones y las miradas, sin
  embargo, pasan
como las páginas del cuento que el Camino
  cuenta.
Nadie conoce tanto la magia, la luz y la
  inmensidad.
Solo tú, peregrino,
que vas caminando antes o después de mí,
que seguirás haciéndolo, hoy y mañana y
  siempre.
Caminantes en busca de sí mismos o de
  Dios, quién sabe,
fragmentos de superaciones o agradecimientos,
emoción a raudales.
Porque el Camino de Santiago

sigue esperando tus pasos
para narrar una historia iniciada hace siglos.
La historia de los demás.
Tu propia historia.

DEJARSE

Nada en este otoño valió la pena;
quizá no hacía falta pensarlo,
dejarse llevar por las rutinas
con las que nos despertamos
o salimos a la calle.
Dejarse saludar por un vecino
que a temprana hora coge su moto
y se va al campo.
Dejarse ir por los peldaños de palabras
    insignificantes,
por la oscuridad del vacío
y levantarse, como si nada pasara, para
    sonreír.
Dejarse, dejarse.
Renacer de todos los pozos
para dejarse sorprender por un ápice de
    belleza.
Nada en este otoño valió la pena,
tan solo vivir.

LA DISTANCIA ENTRE TÚ Y YO

Entre dos ventanas hicieron falta
mil kilómetros y un abismo de locura
y de cartas con seudónimo.
Fue risa la vida durante nueve meses
y un poco más.
Se pusieron al día de penurias sufridas,
quién no las tiene, y de esperanzas.
Todo se lo dijeron.
O casi todo, que hay cosa s que no se
    cuentan
ni a uno mismo, a modo de recuerdo,
no vaya a ser que salgan a borbotones de los
    adentros
y nos apuñalen.
Tanto se dijeron.
Pero el miedo, aprendido su papel de
    memoria,
apareció como un monstruo
y derribó las citas a las siete

tras la pantalla del ordenador,
los planes, las canciones dedicadas, la farsa.

Solo quedó el infinito y más allá entre dos
    ventanas.

Trinidad Lucea Ferrer

TRINIDAD LUCEA FERRER, Tudela (Navarra). Es licenciada en Traducción e Interpretación por la Universidad de Valladolid. Ha publicado tres libros: *Lágrimas Escritas* (Ed. Fundación Caja Rural 1998), *Mapas* (Ed. Círculo Rojo, premio a mejor libro de Artes de la editorial 2019) y *Caperucita rota* (Ed. Olifante Ediciones de Poesía, 2023). Además, ha colaborado en varias revistas (*Constantes Vitales, TK, Río Arga, Librújula, Poetry News, Translapuente*, etc.), así como en diversas antologías poéticas.

LA PIOGGIA

La goccia che stilla, un incanto, un incontro. Mina

Para lloverme es Venecia
mi lugar preferido.

Con las primeras flores,
me gusta caer cálida, intermitente
sobre esta ciudad de porcelana;
caer simple, perezosa
entre las puntillas verticales de las fachadas
como describió el poeta ruso Iosif Brodsky.

Huyo del calor y de los turistas
enlatados en tardes de agosto.
A veces, me escondo en cumulonimbos
y cuando no puedo más, me desplomo,
arremeto inclemente contra la manada
de góndolas en el embarcadero;
sus viajeros relinchan, entrechocan,
se encabritan.

Me precipito libre
entre hojas marchitas y ocres,
incluso me lluevo del suelo
para adentrarme embelesada
por palacios e iglesias, rozar escalinatas;
soy la última lágrima del condenado
al atravesar el Puente de los Suspiros.

Solo una vez al año me abstengo de llover:
    Carnaval.
Oculta tras una máscara de cielo azul
aguanto la respiración sobre el Puente de
    Rialto,
música, esplendor, danzan Arlequines y
    Polichinelas,
el ansiado Vuelo del Ángel en la plaza de
    San Marcos,
lo religioso y lo banal, el misterio y la fantasía.

La emoción me conmueve, *acqua alta*,
me lluevo rendida a tus pies, Reina del
    Adriático.

DOLCE VITA

La recuerdo en un atardecer cálido,
con un vestido de flores
y una pamela ocultando la mitad de su rostro.

Pasea entre acueductos, foros, termas,
donde crecen versos e historias.
Se enfrenta a Nerón, desafía al César,
cruza triunfante el Arco de Tito
y, como invitada de honor,
admira los frescos en Casa de Livia.

La arqueología se rinde a sus pies:
estatuas sin brazos y torsos de bronce,
dioses de piedra la saludan.
Se codea con Raffaello y Michelangelo
en la Stanza della Signatura o en la Capilla
    Sixtina;
gran amiga de Soffonisba Anguisola,
suelen perderse en el Trastevere

buscando alguna vieja librería.

La miro orgullosa, pareciese una italiana
más,

de acento dulce y gestos danzarines.

A veces, me cruzo con ella
y me cuenta encandilada su vida en la
Ciudad Eterna.

EL TORSO DEL BELVEDERE

En el Campo dei Fiori
te descubrieron sepultado,
cubierto de yerbajos silenciosos
y rizomas indiferentes.

La estatua más viva,
la *legerezza* de tu músculo níveo,
el ímpetu del cuerpo contorsionado
a punto de, al borde de, al límite de.

El más roto de todos
sin cabeza, ni brazos, ni piernas.
Un trozo de mármol
sin mirada, sin tacto, sin camino.

Cercenado de memoria,
en tu mausoleo turístico,
ya no recuerdas a Michelangelo,
a Raffaello, tampoco a Rubens

o al mismísimo Lord Byron
admirando la bellezza
de lo incompleto.

Juan Carlos Marco Pueo

JUAN CARLOS MARCO PUEO nació en Fonz. Estudió Ciencias Físicas y desde entonces trabaja de profesor de Educación Secundaria. Ha publicado el poemario *La arena y el mar*, y en lengua aragonesa la novela *Díxame pescá con tú*, traducida al castellano como *Llévame a pescar contigo*, y el libro de relatos *La casa los telaires y atros rellatos*. Colabora habitualmente en revistas y periódicos. Algunos de sus poemas en aragonés son cantados por diversos grupos musicales.

CUANDO SEAMOS VIEJOS

Cuando seamos viejos, la luna seguirá
brillando para nosotros, proporcionando un
   brillo
especial a nuestras arrugas y aliento
a nuestros corazones.
   Serán más dulces los besos cuando
seamos viejos, más sabrosos, como
el buen vino, y tan sensible nuestra piel
que la cercanía será ya roce.
   Se aligerará nuestra memoria para albergar
tan solo los buenos recuerdos, y aparecerá
el futuro ante nuestros ojos con más claridad
que el pasado cuando seamos viejos.
   Tumbarnos el uno junto al otro
llenará el aire de paz y nuestros cuerpos de
   guerra,
y, cuando un fuego se apague, otro nuevo
se encenderá cuando seamos viejos para
   mantener

siempre viva la llama del amor.

Será un placer inexplicable caminar
unidos de la mano, reír las mismas risas,
llorar las mismas penas, soñar los mismos
sueños, lanzar una mirada y no ver más
que al otro cuando seamos viejos.

Radiantes de satisfacción estaremos
cuando seamos viejos por haber comprendido
  a tiempo
que las tormentas son pasajeras y que tras
  ellas
siempre brilla el sol.

Seremos solo dos cuando seamos viejos,
    yo en ti
y tú en mí, la mejor excusa para sonreír.

Daremos gracias a la vida por la felicidad
brindada y aguardaremos haciendo el amor
plácidamente a que la muerte nos tienda
su cálida mano cuando seamos viejos.

CALLAR

La muerte vino anoche a visitarme.
Sentí su tacto frío en mi frente
y abrí los ojos.

Las cuencas de los suyos me miraban
y pude percibir una sonrisa
entre sus dientes.

Con un gesto sutil de su guadaña
fue como me indicó que la siguiera,
y yo le dije:

«Me viene mal ahora acompañarte.
Concédeme tan solo unos minutos,
no será mucho».

Giré mi rostro y vi que aún dormías.
No tuve el valor de despertarte,
pues no quería
que vieras que mi vida se acababa.

Mis labios puse frente a los tuyos
y en un susurro
fui dejando salir todas las frases

que para ti tenía reservadas.

Fue muy sencillo.

Te dije que te amaba y que sin ti
mi vida carecía de sentido.

Dije lo obvio,
aquello que yo espero que tú intuyas,
aquello que yo callo por vergüenza.

Sí, fue tan fácil…

Salieron de mi boca las palabras
que tú por tanto tiempo esperaste,
desesperada.

No supe darme cuenta de mi error,
y así, año tras año, fui callando
mi corazón.

Por suerte, anoche pude comprenderlo,
y a mi lado, la muerte, conmovida,
me advirtió:

«Te dejo con tu amada, mas si callas
no dudes que muy pronto he de volver
a visitarte».

LA PAZ DE TU MIRADA

Tan solo conozco la paz de tu mirada,
pues nada reconforta mi espíritu sino el
    brillo
de tus ojos cuando pasas a mi lado.

Es en esos momentos que mi corazón
emprende la batalla en esa otra guerra
de la que tú no eres ni siquiera consciente.

Tan preocupado estás por arreglar
los asuntos del mundo que no tienes tiempo
de pelear por lo que de verdad importa.

Por lo único que importa.

No te entiendo cuando te oigo
hablar de tus dioses mientras sostienes el fusil.

¿Por qué no sostienes mi mano?

¿Y por qué dejas que te quiten el sueño
esos a los que tú llamas, con un orgullo
    desmedido,
los diferentes?

Mientras vas en su busca con sangre en
        tus palabras
yo te aguardo sin que tú lo sepas,
y albergo la esperanza de que,
cuando se disipe la espesa oscuridad
que ciega tus sentidos, tu única lucha
esté entre mis brazos.

Antes de que la tierra se llene
de cuerpos desmembrados, ansío poder ver
una última vez el brillo de tus ojos
y encontrar en tu mirada la paz que a ti,
entre batallas, por siempre se te escapa.

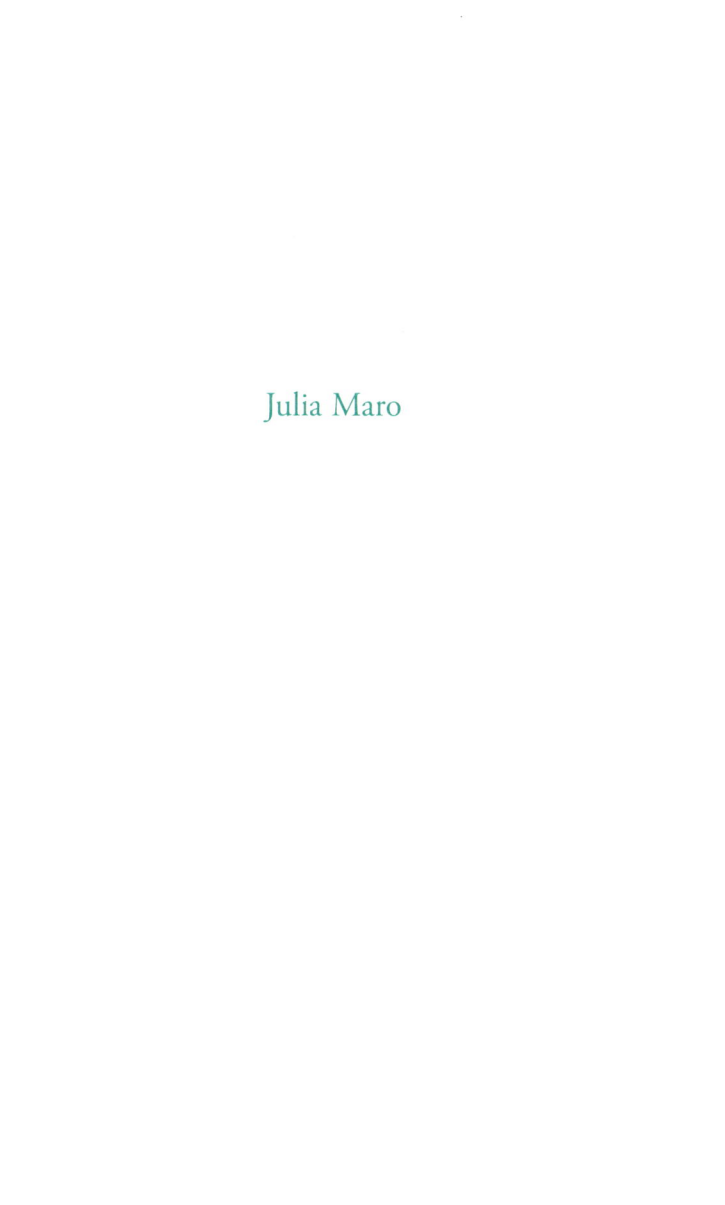

Julia Maro

JULIA MARTÍNEZ RODRÍGUEZ (nombre artístico Julia Maro), cantante, escritora y compositora, se graduó en el año 2018 el Conservatorio Superior de Música de Navarra, en la especialidad de canto Jazz. Ese mismo año sacó su primer disco, *Océanos*, compuesto por temas propios. En 2021 realizó un máster de composición en ESMUC (Escuela Superior de Música de Cataluña) tras el cual sacó su segundo disco, *Tierras*, también formado por composiciones propias y poemas suyos que ha musicalizado.

Dime, blanca amapola,
¿quién destiñó tus pétalos?,
¿quién se llevó el rubor de tu aleteo?
Quisiera vestir tu invierno de verde
    primavera.
Besar tu frágil tallo
y envolverlo con ternura.
Dime, blanca amapola,
¿quién durmió tus deseos?
Quisiera poder cantarte
y aliviarte las penas.
Ven, duerme conmigo en esta esquina,
lancemos al aire nuestras penas
y dejemos que el sol nos reflorezca.

Hay una bruma en tus mejillas que de golpe
    me sabotea.
Te miro y todo me sabe a poco,
a mucho,
a nada tal vez.
Hay un nudo en mi garganta que nada
    puede deshacer.
Me hundo, me encierro,
y luego vuelvo a renacer.
¿Qué has hecho de mí,
amarga esperanza?
Vienes sin quedarte,
me traes guerra y luego te vas.
¿Quién soy ahora que te has ido?
Te miro, te grito,
y tú me observas desde donde estás.

Tú eres la última gota de rocío que resbala,
Ligera y segura,
Por la más escondida hoja de este árbol,
Y soy yo.
Te quedas a mitigar mi aurora,
Mi amanecer,
dándole frescor de ternura
y luz a mi corazón.
Tú eres un aliento cálido, suave,
siempre dispuesto,
que susurra mi nombre y mi ánimo
y me envuelve en una leve burbuja de vapor.
Que me protege del dolor y de los miedos
sin que yo me dé cuenta,
para que pueda seguir adelante y no tropiece.
Tú eres sombra y espejo.
Tú eres aire y reflejo.
Un silencio que me rodea suavemente
y que huele dulce.
Los límites de mis locuras,

siempre acompañándome, para que pueda
   ampliarlos.
Veneno de la verdad. De la luz.
Un resplandor silencioso y sutil.
Frágil. Eterno.
Te quiero lentamente.

María Ángeles Mur Paúl

MARÍA ÁNGELES MUR, natural de Monzón, (Huesca). Grado de Maestra y Diplomada en Turismo. Estudios musicales de Piano, Cello y Armonía. Autora de cuentos, guiones, novela y poesía. Publicaciones: «Transcripción del manuscrito del siglo XVIII de Vicente Pilzano y Ezquerra», CEHIMO, 1987. Coautora de la Comunicación «La defensa del reino Aragonés: Las fortificaciones borbónicas en el Congreso Internacional Felipe V y su tiempo», de la institución Fernando el Católico, Zaragoza, 2004. Autora del guion del cómic *Los Templarios de Monzón*, publicado por CEHIMO, 2013. La música y la escritura han sido y son fundamentales en su autoafirmación espiritual como persona, susceptible de mejorar, en su interacción diaria con el mundo actual, próximo y envolvente.

LUNA DE JULIO

Mirar la luna es ver estrellas
en el noctámbulo escenario de la noche.
Observar estrellas y vislumbrar la luna
van casi siempre emparejados.
El satélite que colma nuestros inmensos cielos
hermosea el techo nocturno refulgente
de puntitos brillantes y divinos.
Es preciosa en cualquiera de sus fases.

Mas en noche estival,
cuando la cálida brisa te acaricia
envolviendo tu cuerpo en un aura celeste,
es tan sublime que alcanzas el éxtasis
en la piel corporal envolvente.
Nada como la luna en un fondo estrellado,
trasnochador, ávido de músicas aladas,
que te llevan al fondo de un recuerdo feliz.
Como un río de sangre en tu figura
evoca el eterno momento,

que inunda como un torrente
la sustancia viva de tu cuerpo místico y celeste.

CUANDO EL AMOR TE ATRAVIESA

Si el amor aparece,
la luz es más intensa,
se aplaca el frío,
la humanidad desaparece.
Solo el brillo de sus ojos
y el tacto de sus manos permanece.
El universo se desplaza
mientras nuestros cuerpos levitan
en un aire aterciopelado,
que nos envuelve dichosos
en una misma forma
de brillo y sentimiento.
Así es, cuando se ama con la pasión
de enamorado. Pero si el tedio
cubre de paños grises y pesados
nuestro entorno inmediato,
todo torna en rutina
y el aire se vuelve triste y opaco.

Entonces vislumbramos los rostros de los
  otros,
y regresamos al mundo de los vivos,
donde la realidad muestra el color de las
  cosas,
antes bellas, ahora con la policromía de lo
  terrenal y transitorio.

SUTILEZAS

Era mayo y yo reía,
jugando entre lindos ababoles.
Las yemas de mis dedos suavemente
rozaban sedosos pétalos y capullos.
¿Monja o monje, chico o chica?
Preguntábamos ingenuas
como niñas que aprenden en los campos
una emoción primera.

Era mayo y yo reía.
La vida era longa, incierta y placentera.
Ni una sabíamos de maldad, malicia o penas.
¡Éramos tan niñas, tan pequeñas!
Pero el color brillante de ababoles,
ya nos conmovía.
Éramos palomas mensajeras
de inocencia, pudor y fantasía.

Era mayo y yo reía.
Entretenida con amigas entre peñas.
A lo alto, un castillo por quimera
y entre las piedras: tomillo, aliagas,
romero, salvia, malvas y ortigas traicioneras.
Era mayo y yo revivía
el sonreír de otra primavera,
entre cielos adornados por divertidas nubes
que ufanas pintábamos en la escuela.

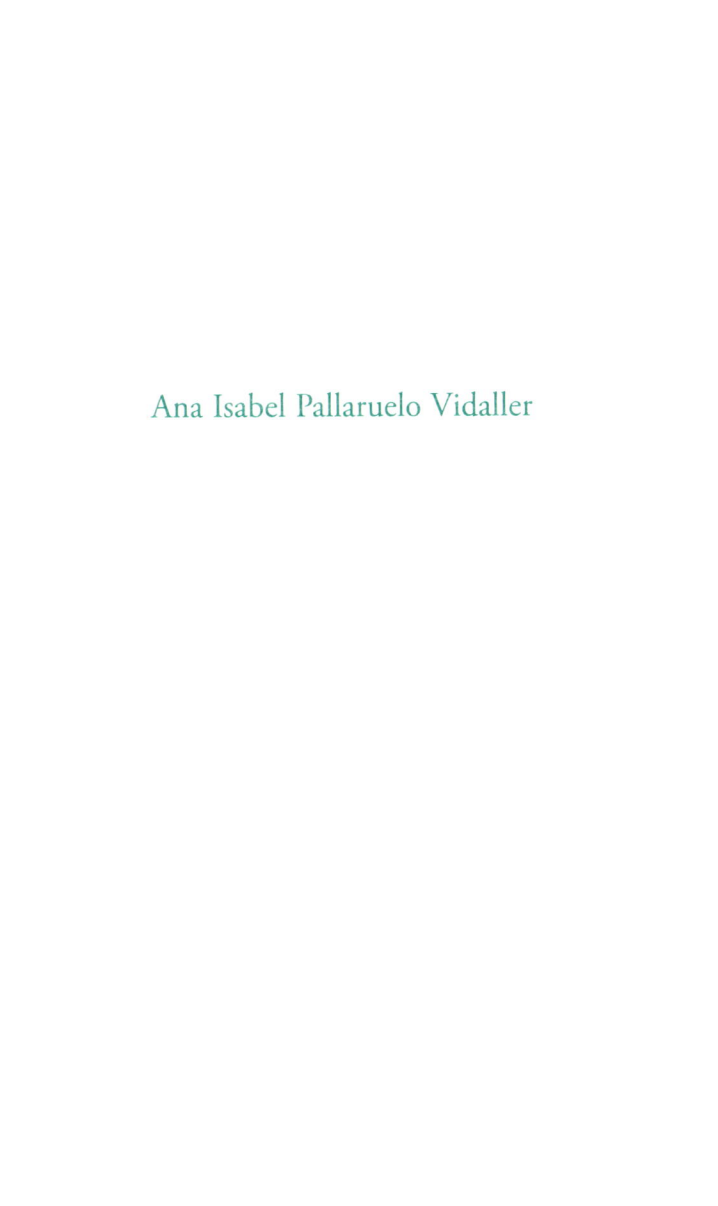

Ana Isabel Pallaruelo Vidaller

ANA ISABEL PALLARUELO VIDALLER, natural de Abi (Huesca), licenciada en Filología Hispánica, diplomada en Magisterio y con estudios de Filología Francesa y Psicología. La poesía es su forma de ver y sentir la vida. Se inspira en la naturaleza, la emoción de lo cotidiano y tras las páginas del día a día.

Con el pseudónimo Ada Ulker publicó el poemario *Tu corazón es mi patria* (2015). Es, coautora e ilustradora de dos cuentos: *Sin púas no hay erizo* (2028) y *El amor no pincha* (2020), que como cuentacuentos ha deleitado a niños y niñas en bibliotecas del Somontano y el Cinca Medio.

ADN

Tirar del hilo, para seguir hilando.
Tejer nuestra historia personal tirando del
    hilo.
Tirar y tirar…

Desenredar la madeja ancestral corriendo
    por nuestras venas.
Impreso en ADN se transmite generación
    tras generación.
Sonrisas, penas, heroísmos y miedos,
    guerras, miserias y silencios.
Huidas para empezar desde cero,
    compromisos y pasiones.

Todo, todo se desliza en silencio y aparece
    en nuestras vidas,
en otras épocas, con otros matices.

Mujeres mutiladas en su esencia, esclavas
sin voz ni voto.
Matriarcas silentes de mirada profunda.
Mujeres valientes, luchadoras contracorriente
en épocas oscuras.
Silenciadas, opacadas, encadenadas como los
perros,
quemadas en la hoguera, rebeldes con causa.

Hombres, de la guerra, del sudor, de la
lucha y del miedo.
Fusilados injustamente, invisibles
desheredados, apátridas.
Hombres de palabra, del trabajo de sol a sol,
luchadores con alma y sangre por la justicia
social.
Comprometidos con la vida.

Esas raíces escondidas son la savia de nuestras
vidas,
el palpitar que fluye, nuestro impulso vital.

¡Ahí están! Tirando del hilo las ves, tomas
    conciencia,
las sanas, las dejas partir.
Sin ese lastre ancestral limpiarás tu linaje.

Esa, esa es la verdadera herencia, la invisible,
la que codificada en ADN corre.
Sin esa madeja enmarañada irán más livianos,
    más ligeros,
vivirán más felices los que vengan después.

CARACOLA DE MAR

Caracola de mar,
así soy yo,
metida en un océano
de dudas, de amor
y de besos.
A tu orilla me acerco
y me alejo,
me alejo y me acerco.
Pleamar en luna llena.

Del mar caracola soy.
A veces a la deriva,
a veces en otros puertos
y a veces tan, tan metida,
que ni siquiera me encuentro.

Cuando en las noches oscuras
a tu vereda me acerco,
por amor, por miedo,
por frío, por sentirte tan dentro.

Cuando en los días eternos
en tu regazo me duermo,
por tu aroma, por tu pelo,
por tu mirar tan sereno.

Cuando en las noches,
cuando en los días…
cuando en esta eternidad
te siento,
me siento morir por dentro.
Porque siento lo que siento…
Que te quiero.

Tiempo
del amor
a destiempo.

LUZ DEL ALMA

Hay seres que cuando te acarician el alma,
te cambian para siempre, te llenan de
    esperanza.
Que cuando te abrazan, te envuelven de amor
y algo en tu interior crece, se reconecta.
Sientes la unidad con el todo, con esa
    infinitud
que va más allá de este cuerpo físico.
Hay seres que tienen el don
de curarte el alma.

Cuando tienes la suerte de encontrarlos,
en esta azarosa vida, te iluminan,
como una vela enciende a otra vela.
Son estrellas en la tierra, que alumbran
allá donde sus pasos las lleven.
Quizá estén aquí para mostrarnos
que todos somos almas lumínicas,
con un inmenso poder en nuestro interior.

Esos seres caminan entre nosotros,
a veces con mucho pelo,
a veces a cuatro patas.
Con una mirada que te lee el alma.
Te acarician, sin apenas rozarte.
Te comprenden, sin palabras.
Te aman más allá, más allá del amor.

A todas esas almas inmensas,
gracias desde el corazón.

Antonio Raya Casado

ANTONIO RAYA CASADO, natural de Monzón (Huesca), reside en Barbastro desde 1979, donde colabora con secciones fijas en el semanario local *El cruzado aragonés*. Reportero fotográfico en los eventos culturales de la comarca del Somontano, siente la necesidad de plasmar sus inquietudes personales y sociales a través de la poesía. Voluntario de Cruz Roja. Amante de los libros, las plantas y las buenas personas.

EL GORRIÓN Y LA TORMENTA

Pensaba el gorrión a dónde le llevarían sus
alas
cuando, a lo lejos, la tormenta anunciaba su
llegada.
Me voy en dirección contraria, se dijo.
La tormenta más rápido avanzaba, al final
lo alcanzó.
Voló y voló hacia la tormenta
y, cuando se quiso dar cuenta, ya la
atravesó.
Se posó en alto, sacudió su plumaje y la vio
marchar.
Se hizo la siguiente reflexión:
Cuando quiero escapar de los problemas,
estos me alcanzan;
si me enfrento a ellos,
o se solucionan o se alejan.

LAS ALAS DE LA IMAGINACIÓN

Si yo tuviese alas, Madre
hacia arriba subiría,
para traerte un pedacito de nube
cuando tú me lo pidieras,
para alcanzarte el cielo
que contigo estaría.
Si yo tuviese alas, Madre,
pídeme lo que quisieras,
que con mis alas
muy rápido volvería.
Pero, Madre, eso no me lo pidas.
La imaginación son mis alas
y no puedo acallarla;
que otros fueron a la luna
y bajaron al centro de la tierra
Solo te pido que me quieras
con alas o sin ellas.

LOS ÁRBOLES SUEÑAN

También los árboles suben al cielo,
al cielo de los árboles
donde siempre tienen agua.
Las noches son cálidas y los días, fresquitos;
sus hojas son de nubes blancas;
las flores, de brisa leve.
También los árboles sueñan
con amaneceres luminosos,
que su tronco suba alto
y den frutos jugosos.

José Luis Sanjuán Castán

JOSÉ LUIS SANJUÁN CASTÁN (Guaní). Es el segundo de cinco hermanos; nació el 4 de enero de 1962 en lo que es hoy el auditorio de música de Monzón, cursó sus estudios en el colegio Joaquín Costa y en el instituto Mor de Fuentes. En la década de los noventa realiza estudios de realización de vídeo y guionización en distintas academias privadas y en la Universidad Politécnica de Cataluña.

Un poeta incipiente a pesar de su edad que nos traslada al campo y al amor romántico.

«LA TORMENTA»

¿Por qué te cruzaste en mi
camino? yo era feliz con mis flores
y mis libros.
Dices que ves venir la tormenta,
yo soy, tú eres, somos la tormenta
imperfecta.
Nos alimentamos
mutuamente, un viento cálido
y húmedo
se entrelaza con un aire seco,
apenas dos cuerpos
transparentes, casi inmateriales,
polvo de estrellas
radiante y silencioso
… Nuestras miradas se encontraron,
tus ojos de cristalino azul grisáceo,
mis pupilas marrones con miel
oscura,
un relámpago cruzó el espacio,

un trueno
descerrajado
batió todo el universo
y yo te miré mil veces
de relámpago,
con miradas tímidas
limpias al principio,
luego comenzaron
a volverse turbulentas.

VUELVE

Llegaste volando hacia mí,
batientes
tus alas de sábanas blancas.
Llegó la primavera a mi epidermis
y a mi alma.
Rosales de besos
florecen en tus labios
encaramados de silencios rotos

Vuelve a ser abril
en el balcón de tu rostro,
mayo en tus senos
de brotes
nuevos y
vigorosos.
Vuelve la ilusión a brillar
como dos luceros,
hermosos,
en las niñas de tus ojos.

EL BALANCÍN

Las puestas de sol más
bellas en el balancín de
Pano,
los amaneceres, las lunas llenas,
todo cambio,
sin dudarlo,
por la luz de tu sonrisa
en el alba de tus labios.
No cambio tu beso en mi beso
ni por el alma de los ángeles,
no tu alegría por el vuelo,
ni el trino de los mirlos
en su danza de regreso
al dintel del campanario.
No cambio el arrullo
de las olas de tu pelo
en la playa de mi cuerpo
por el mar más placentero
de aguas cristalinas
de turquesa y esmeraldas.

No cambio
la caricia de tu voz,
verso dulce de acordes
con destellos de misterios,
brisa en el viento enamorado
por ningún amanecer
revolución, ni emoción,
ni relicario.
Cambio el suave tacto
de los deditos de un
bebé en el seno de su
madre de pan blanco
mientras
absorbe el lácteo
néctar,
¡lo cambio!
por el roce casual
de tus mejillas
en el mundo imaginario
de la almohada algodonada
en el desvelo de mi cuarto.

Tus alas de sábanas
blancas te traen entre
sueños
a mis brazos, en volandas.
No hay mejor lugar para vivir
que a tu lado,
no conozco,
¡no lo cambio!
El despliegue de tus velas
deja huella fresca
púrpura y húmeda,
orillándose en mi
piel, velero de
promesas
que navegan con la estela
de las frases más
hermosas del jardín de tus
ideas.
¡Qué bonito sería
que me conocieras!

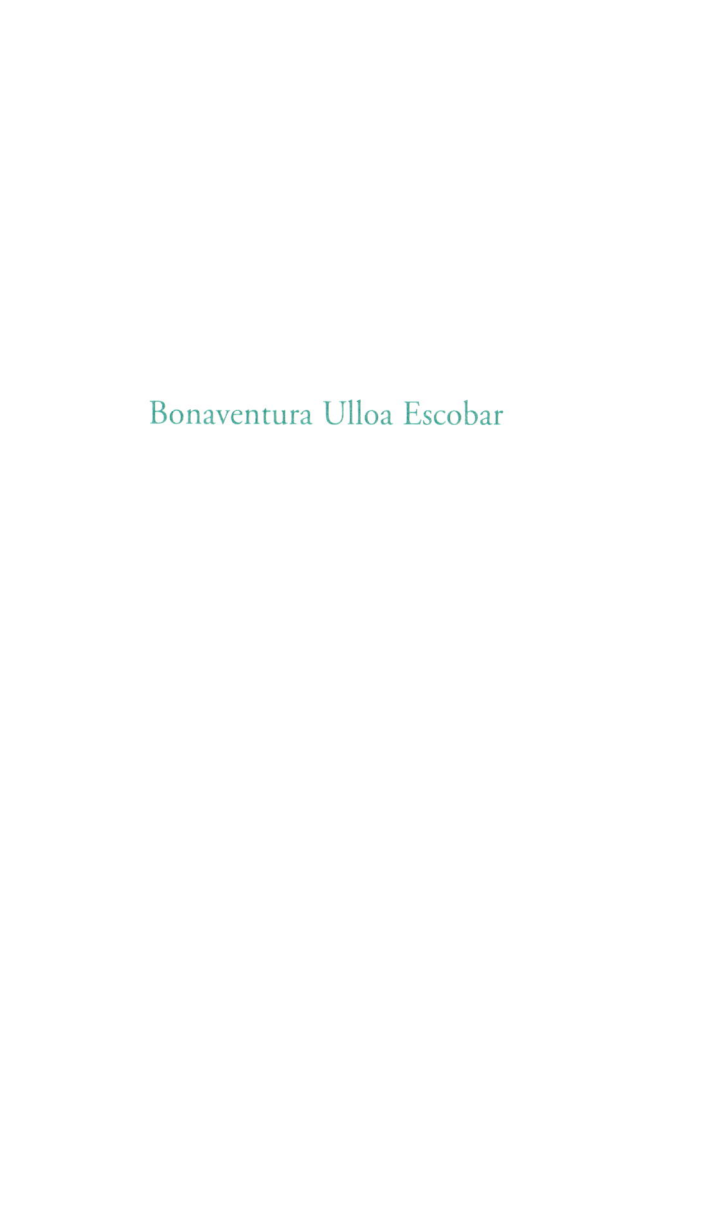

Bonaventura Ulloa Escobar

BONAVENTURA ULLOA ESCOBAR. Rubí (Barcelona). Ha participado en cuatro antologías poéticas y publicado artículos y relatos en diversos medios. Ha sido premiada en varios concursos literarios. Ha recitado sus poemas en festivales como «Petronila, Reina de Trovadores», MAR, Homenaje a la Mujer Rural de Radiquero y Rondas Poéticas de Fonz y Monzón. Escribe en español, catalán e inglés.

REGALO DE LA MAREA

Siempre habrá tarros vacíos que llenar
de aquello que, incesante, arrastra la marea
y como ofrenda a nuestros pies deja:
cáscaras ahora yermas que antes fueron vida,
esqueletos de un reino sumergido,
o pálidas perlas domadas por las aguas
de suave contorno entre los dedos
que fueron quizá, copa en los labios
de jóvenes almas de un feliz pasado,
o puede que tosco vaso, cáliz de rojo vino
al que incontables manos se aferraron
buscando consuelo, quizás olvido…
Lo que las aguas me ofrecen
entre mis manos, sin dudar, lo tomo
y en celda de cristal lo atesoro
como celosa guardiana de otras vidas,
de mil historias que no son las mías,
solo por preservar su recuerdo
antes que, como mis huellas en la arena,
el mar y el tiempo de nuevo lo engulla…

RAREZA

Escribo a pluma y me llaman antigua.
Las miradas son incrédulas,
como se mira a un bicho raro. Lo sé.
Creen que es capricho, rareza, y demuestran
    simpatía
por tan arcaicas maneras, pues muchos no
    podrían,
lo intuyo, utilizarla con destreza aunque lo
    quisieran.
Me creen retorcida, rescoldo de un pasado
que se apaga día a día, como un disco de vinilo.
Yo no les contradigo. ¿Cómo explicar que
    no se trata
de esa serpiente que escupe tinta a mi capricho?
Que no es el cuerpo, sino el sonido…
Ese rasgar, ese arañar el folio en blanco,
cual desnuda espalda.
Esos compases que me acompañan en el
    camino,

mientras el papel cubro de pensamientos…
Es una canción de cuna que ahuyenta las
sombras
y guía mi mano a través del laberinto de un
nuevo verso.

CANTOS DE SIRENA

¡Con qué cantarinas voces –como campanillas
    de agua–
pronunciasteis mi nombre!
Con sonrisas y halagos me atrajisteis a vuestra
    vera,
se enredó vuestra melodía entre mis
    anhelantes dedos,
buscando esos abrazos que prometíais…
Sentí que vuestras miradas me buscaban y
    hablaban
invitándome, sinceras, al círculo
de vuestra propia danza.
Así que os tendí mis manos y con ellas el alma,
y ya a punto de rozarse los dedos,
    apartasteis la mirada
y me volvisteis la espalda entre risas de
    indiferencia.
Me dejasteis a la deriva mientras os alejabais:

incrédula náufraga, flotando sobre la delgada
	tabla
de mi esperanza. Le vendisteis al corazón
la ilusión de una patria; mas fue solo un
	espejismo,
un sueño hecho de risas con la consistencia
	del agua.

ÍNDICE

En esta edición se empleó papel *Athenea* verjurado ahuesado de 125 gr/m^2 y cartulina *Rives Tradition,* color marfil claro, de 170 gr/m^2. Se han utilizado los tipos *Felix Titling* en el cuerpo 50 y *Garamond* en los cuerpos 7, 8, 9, 10, 11, 12 y 14. Color pantone Blue 326 U .

Poetas bajo las estrellas

de

VV.AA. de Monzón

Volumen 126 de los
PAPELES DE TRASMOZ
de la Casa del Poeta
editado por
OLIFANTE. EDICIONES DE POESÍA

Se imprimió en
los Talleres Editoriales Cometa, de Zaragoza,
cuidando el proceso técnico Albertina Lisbona.
Responsable de erratas, Tutivillus.
Y fue encuadernado por
Encuadernaciones Raga, S.A.
El libro quedó terminado
el día 1 de diciembre de 2024.

FERNANDO AÍNSA
Capitulaciones del silencio y otras memorias

JAVIER RAMÓN JARNE
Libro de los cometas

ESTELA PUYUELO
Todos los gusanos de seda

CHUSÉ RAÚL USÓN
Candalieto/Piedra angular

INMA BENÍTEZ
A todos mis amores

KRISZTINE TÓTH
El sueño de la amante
I Premio Marcelo Reyes a la Traducción, 2016

JOSÉ ANTONIO CONDE
Témpora

PABLO JAVIER PÉREZ LÓPEZ
Otoño en los Urales

FRANCISCO J. PICÓN
Instantáneas entre penumbras

KEPA MURUA
Poemas de la servilleta

KADHIM JIHAD
A las afueras de todos los países

JOSÉ MARÍA SERRANO
Presencias del ser inmediato

GALO ABRAIN NAVARRO
La rabia no muere aunque le cortes la cabeza al perro

JOSÉ HERNÁNDEZ POLO
Supervivientes (Antología de poemas)

LULJETA LLESHANAKU
Lunes en siete días (Selección)
II Premio Marcelo Reyes a la Traducción, 2017

ELISA BERNA
El camino de los solos

FERNANDO GIL VILLA
La voz y el sigilo

CARMEN ALIAGA
Libro huérfano

ANABEL CORCÍN
Materia orgánica

MOHSEN EMADI
Suomalainen Iltapäivällä

TRINIDAD RUIZ MARCELLÁN
Traducción del silencio

ARCHI DE CONSUELO
Comer poesía

KATARÍNA KUCBELOVÁ
Una pequeña gran ciudad

SERGIO GÓMEZ GARCÍA
Error de la luz

LOURDES FAJÓ BARRIO
Y no se rompió la luna

CRISTINA GRANDE MARCELLÁN
Nieblas altas

MARY O'MALLEY
Donde las piedras flotan

MARY O'MALLEY y MOYA CANNON
Dos poetas irlandesas

MOHAMED AL-MAZROUEI
La tranquilidad desnuda sin cama

JORGE MARTÍNEZ y ALEJANDRO PUCHE
Dos poetas en el Moncayo

CARLOS G. MUNTÉ
Las copas que no bebí

CARLOTA URGEL
Las flores azules

FIRAS SULAIMAN
Olvidando
IV Premio Marcelo Reyes a la Traducción, 2019

LILIÁN PALLARES
Bestial

ANTONIO ORIHUELA
Campo unificado

MARIANO ZARO
Padre Tierra. Poema en 28 segmentos